Catalan Conversation Practice

My Daily Routine in Catalan

By

Irineu De Oliveira

CONTENTS

HOW TO USE THIS BOOK

This book is a new way of mastering vocabulary and verb in context. If you are experiencing difficulty in expressing yourself in Catalan, then this book is for you!

An innovative method of learning and practicing vocabulary and verbs in Catalan.

PRACTICAL METHOD

In order to communicate effectively in another language, you don't need to know all the words of that particular language. You only really need to learn between 2000 to 3000 words - this is because the same words are constantly repeated. Think about it! Your daily routine is often the same – you wake up, eat, drink, work, sleep, have fun etc.

This book will enable you to MASTER the vocabulary, verbs and expressions used in these periods of your day mentioned above. After reading this book, you will:

Master more than 174 commonly used verbs in context in the Catalan language.

Master the main adverbs, prepositions, conjunctions, and phrases that native speakers of Catalan use.

Practice speaking with more than 160 questions in Catalan.

Learn more than 3000 words in Catalan, enabling you to express yourself effortlessly with a large Catalan vocabulary.

Master the most important daily vocabulary and verbs in Catalan.

Master the most important irregular verbs in Catalan.

QUAN EM DESPERTO

A casa al dematí

El meu dia comença a les 7 del matí. El despertador sona i desperta a tot el món. Jo sempre el programo de manera que l'alarma es repeteixi passats els cinc minuts, però aquests cinc minuts sempre es converteixen en trenta, o fins i tot en més minuts.

Després, jo em desperto novament, badallo, m'estiro al llit, dic les meves oracions, plego la manta, estiro els llençols i l'edredó, a part de col·locar els coixins. Totes les setmanes canvio els llençols i les fundes dels coixins.

El meu matalàs és ortopèdic, o sigui, és bo per a les persones amb problemes musculars. Feliçment, no tinc problemes musculars, però m'agrada dormir còmodament. La goma escuma amb memòria ajuda les articulacions, ja que s'adapta a tot el cos. Aquest tipus de matalàs és millor que el de motlles. Tot seguit, em poso les xancletes, apago el llum i vaig al bany,

WAKING UP IN THE MORNING

At home in the morning

My day starts at 7 o'clock in the morning. The alarm clock goes off and wakes me up. I always hit the snooze button for more than 30 minutes.

Then I wake up again, yawn, stretch in bed, and say my prayers. I get up and turn the lights on. I always make my bed because I think it's important to make my bed when I get up. Then, I spread the bed sheet and duvet cover. I fold the blanket as well as tidy up the pillows. Every week I change the bed linen and pillowcases.

My mattress is an orthopaedic one – those types of mattresses are good for people who have orthopaedic muscle problems. Fortunately, I don't have muscle problems, but I like to sleep comfortably. My joints are supported by the memory foam that works to better support my whole body. I think it's better than a spring mattress. After that, I put on my flip flops, turn off the lights and go to the bathroom.

PREGUNTES 1

A casa al dematí

1. A quina hora et despertes tots els dies?
2. Programes el despertador per despertar-te?
3. T'aixeques tan bon punt sona el despertador o el programes per tal que es repeteixi l'alarma uns cinc minuts més tard?
4. Badalles i t'estires al llit?
5. Reses quan t'aixeques?
6. Ordenes la teva habitació quan t'aixeques?
7. Creus que és important fer el llit quan ens aixequem?
8. Sempre estires i plegues la roba del llit?
9. Amb quina freqüència et canvies la roba de llit?
10. Com és el teu matalàs?
11. Tens problemes musculars?
12. Dorms còmode totes les nits?
13. Encens el llum quan t'aixeques?
14. Et poses les xancletes?
15. Apagues els llums quan surts de l'habitació?

AL BANY

Quan arribo al bany, encenc els llums i faig les meves necessitats fisiològiques. Poc després, tiro la cadena i em rento bé les mans amb aigua i sabó. Jo també em rento la cara amb aigua tèbia, especialment a l'hivern. A l'estiu utilitzo aigua freda. Faig servir un sabó especial per al rostre; aquest sabó acostuma a ser líquid, però també es pot comprar en forma de pastilla.

Hi ha dies en els quals em banyo al matí, però normalment prefereixo banyar-me a la tarda o a la nit. Em raspallo les dents fent servir una pasta dentífrica especial per a genives. Em paso també el fil dental entre les dents, i faig servir col·lutori bucal. Em canvio el raspall de dents cada tres mesos. Sempre vigilo de no malgastar aigua, per això obro i tanco l'aixeta mentre em raspallo les dents.

Versió masculina

M'afeito la barba dia sí dia no. Per a la barba, utilitzo una crema d'afaitar i una fulla d'afaitar manual. A mi, particularment, no m'agraden les màquines elèctriques. Sempre m'afeito la barba davant del mirall per tal de fer-ho bé.

De tant en tant, la meva fulla d'afaitar es queda sense tall, i és llavors quan haig de canviar-la per no tallar-me. Després d'afaitar-me la barba, em poso una loció condicionadora hidratant per a la pell. Algunes vegades, si em tallo mentre m'afaito, em poso aquesta loció a la cara i irrita molt. No m'agrada gens afaitar-me, però és necessari. Després de rentar-me la cara, afaitar-me i rentar-me les mans, m'asseco amb una tovalloleta de rostre neta.

Versió femenina

Després d'assecar-me, em poso, amb cotó, una loció astringent i una loció hidratant amb factor de protecció solar trenta. Quan faig ulleres em poso un corrector i després una base per uniformar el to de la pell. Als ulls, utilitzo un perfilador d'ulls per tal de donar definció a la parpella superior i un llapis d'ulls per a la parpella inferior. Utilitzo rímel només de tant en tant. Em poso coloret a les galtes per al dia a dia i lluentor labial. M'asseco el cabell ràpidament, tot donant-li una lleugera moldejada.

Després em poso crema hidratant per tot el cos, un desodorant sense perfum i ja estic llesta per vestir-me, així que em poso un perfum lleuger.

Un cop per setmana em poso una crema exfoliant i, de tant en tant, em faig una neteja profunda en un saló de bellesa.

Per a homes i dones

A l'hora de banyar-me, utilitzo un sabó que neteja, perfuma i hidrata la pell. També faig servir un xampú anticaspa i un condicionador per a cabells secs. També existeix condicionador per a cabells greixosos o fràgils.

Després d'ensabonar-me, em rento i m'esbandeixo el cabell per treure'm l'escuma i després em poso condicionador per suavitzar-lo.

Tinc un raspall de mànec llarg per fregar-me l'esquena, ja que se'm fa impossible fregar-me-la sense aquest raspall. Hi ha cops que em dutxo i cops que em banyo. Si tinc pressa, em dutxo. Sinó, em banyo per relaxar-me. Sempre intento no embrutar molt el bany. Si mullo el terra, l'asseco, i sempre poso les coses que he tret altre cop seu lloc. Per exemple, poso el rotlle de paper higiènic de nou al seu suport. Baixo sempre la tapa del vàter i tiro la cadena per evitar que els gèrmens i les bacteries es propaguin. Col·loco els utensilis de neteja dental altra vegada a l'armari, així com altres productes.

Un cop acabo de fer les meves activitats al bany, apago el llum, em dirigeixo cap a l'habitació, m'asseco, obro l'armari i elegeixo la roba que em vull posar aquell dia. En primer lloc, utilitzo roba interior neta.

Els dilluns sempre porto pantalons negres, grisos o marrons. Em poso una camisa de vestir blanca, blava o d'altres colors. Abrillanto les sabates un cop per setmana amb una crema especial per a sabates de cuir. La meva roba, generalment, ja ha estat planxada, poques vegades la planxo abans de posar-me-la però, quan ho faig, utilitzo una planxa calenta a sobre d'una taula de planxar que deixa la roba impecable. També utilitzo una corbata que combini bé amb el conjunt. Sempre em prenc el meu temps per fer-me bé el nus de la corbata per tal de semblar més ordenat. El meu conjunt està compost per pantalons, camisa, abric o jaqueta i, a vegades, una armilla. Un cinturó que combini amb les sabates, generalment negre o marró, així com mitjons de color negre o marró. Després de vestir-me, em pentino amb una pinta de pues fines i petites. No tardo molt de temps a vestir-me, pentinar-me, posar-me una mica de desodorant i perfum. Ara ja estic llest per anar a la cuina.

IN THE BATHROOM

In the bathroom, I turn the lights on, do my physiological needs, press the button, flush the toilet and after that I wash my hands thoroughly.

I usually wash my face with warm water, especially in the winter. In the summer, I use cold water. I use a special liquid soap for the face, but I can also buy it in bars.

There are days when I take a shower in the morning, but I generally prefer to bathe in the afternoon or evening.

I brush my teeth using special toothpaste for the gums. I also floss between my teeth and use mouthwash.

I replace my toothbrush every 3 months.

I always watch myself in order not to waste water. That's why I turn on and off the tap while I'm brushing my teeth.

Male version

I shave every other day. To shave myself, I use shaving cream and a manual razor. I don't like to use an electric razor. I always shave in front of a mirror to make sure I do it very well. From time to time my razor's blade becomes blunt so I have to replace the blades in order not to cut myself while shaving. After shaving, I use aftershave to moisturize my skin. Sometimes it stings a lot.

Female version

After drying myself, I use an astringent with cotton on my face and moisturize it with sunscreen factor 30. If I have dark circles, I use a concealer for it and after, a base to standardize the colour of my skin. For my eyes, I use eyeliner to colour and highlight my eyebrows and a pencil to highlight the bottom of my eyes. I use mascara only on special occasions. I use a very pale blush on the cheeks and a lip gloss too. I dry my hair quickly giving it a light modelled shape. Then, I use a lotion to moisturize my body, a deodorant and after that I get dressed. Once ready, I always spray myself with a light perfume.

Once a week I exfoliate my skin by going through a deep cleaning routine in a beauty salon.

Male and female

After washing my hands and face and shaving, I always dry myself using a clean, soft towel. When taking a bath, I use a soap that cleans, moisturizes and perfumes my skin. I also use a dandruff shampoo and conditioner suitable for dry hair. I also have a conditioner for greasy and brittle hair that I use, depending on how my hair is on any particular day.

After applying the shampoo, I wash and rinse my hair to remove the foam and then apply the conditioner to soften the hair.

I use a long-handled brush to wash my back - it is impossible to scrub it without this brush. Sometimes I take a shower and sometimes I take a bath. If I'm in a hurry, I take a shower; otherwise I take a bath to relax.

I always ensure I don't make any mess in the bathroom. If I soak the floor, I dry it and always put things away in their proper places. For example, I always put the toilet roll back on its support. I always close the lid of the toilet seat and flush it to prevent germs and bacteria from spreading. I put the dental cleaning utensils back into the wall cabinet, as well as the other products.

Once I finish my activities in the bathroom I turn the lights off and go back to my room. I open my wardrobe and choose the clothes I want to wear for that day. Firstly, I put on clean underwear. On Mondays, I always wear black, grey or brown trousers. I wear a white, blue or pink shirt. I polish my shoes once a week using a special shoe polish for leather shoes. I rarely iron my clothes before wearing them, but when I do, I use a hot iron and an ironing board which leaves the clothes perfect. I also use a tie that matches the suit. I always wear a bright tie as it stands out. My suit consists of trousers, a shirt, a jacket or a coat and sometimes a vest. I wear a belt that matches the shoes; it is usually black or brown, as well as black or brown socks. After getting dressed, I comb my hair with a small tooth-comb. It doesn't take me very long to get dressed, comb my hair, and put deodorant and after shave on. After that I go to the kitchen.

PREGUNTES 2

1. Quina és la primera cosa que fas quan entres al bany?
2. Tires la cadena quan acabes de fer servir el bany?
3. Et rentes les mans?
4. Et rentes les mans amb aigua freda o calenta?
5. Quin tipus de sabó utilitzes?
6. Quin tipus de xampú i condicionador fas servir?
7. Et banyes o et dutxes?
8. Quin tipus de pasta de dents utilitzes normalment?
9. Et passes el fil dental a les dents i fas servir col·lutori bucal?
10. En general, et banyes o només et rentes el rostre als matins?
11. Quant de temps tardes per banyar-te?
12. Et preocupes pel consum d'aigua?

Per als homes:

13. Amb quina freqüència t'afaites la barba?
14. Utilitzes la màquina d'afaitar manual o elèctrica?
15. T'afaites bé la barba?
16. Et talles quan t'afaites la barba?
17. Et poses loció després de tallar-te?
18. Fas servir desodorant després del bany?
19. Generalment, guardes els utensilis de neteja dental després de fer-los servir?

20. On els guardes?

21. Asseques el bany després de fer-lo servir?

Per a les dones:

22. Et poses, amb cotó, loció astringent en el rostre?

23. Et poses hidratant amb protector solar?

24. Et poses corrector per uniformar la pell quan tens ulleres?

25. Utilitzes perfilador d'ulls? I rímel?

26. Utilitzes lluentor labial?

27. Quin tipus de lluentor labial fas servir?

28. Quin tipus de perfum utilitzes?

29. Quant de temps tardes per assecar-te el cabell?

30. Et passes la planxa?

31. Amb quina freqüència vas a la perruqueria?

32. T'exfolies la pell? I et fas una neteja profunda?

Homes i dones:

33. Com us vestiu per anar a la feina o per sortir?

34. Et planxes la roba?

35. Quan la planxes?

36. Sempre fas servir una taula per a planxar?

37. Utilitzes un raspall o una pinta pel cabell?

A LA CUINA

A la cuina, generalment, em preparo el meu esmorzar de llet amb cereals, fruites i altres coses més. Primerament, poso els cerals al bol, després obro la nevera, agafo la llet i la tiro sobre dels cerals.

Poso dues llesques de pa a la torradora, tot seguit trec la mantega de la nevera i tan bon punt les torrades estan fetes, unto cada llesca de pa torrat amb mantega. A vegades menjo pa francès i preparo xocolata calenta al microones. Jo no bec cafè però, en general, la gent beu un cafè amb llet, un te amb llet, un cafè sol i mengen pa amb mantega. Hi ha persones que beuen batut de fruites o suc de fruites per esmorzar.

M'assec a taula per prendre'm el cafè i llegir el diari del dia per veure les notícies. Normalment utilitzo el meu ordinador o la meva tauleta. També aprofito per mirar els meus correus electrònics i donar un cop d'ull al Facebook.

A vegades esmorzo a la sala d'estar mentre miro la televisió, però per norma general esmorzo a la cuina. Rarament esmorzo amb alguna altra persona de la casa.

Un cop acabo d'esmorzar, poso els plats a l'aigüera o al rentaplats, depèn de si esmorzo aviat o tard. Ja no desordeno molt la cuina, faig servir una cullera, un ganivet, un bol, una tassa, un plat i una safata petita per no embrutar la cuina.

També utilitzo tovallons de paper, que són pràctics. Algunes persones es prenen un cafè a la cafetera i després l'aboquen a un termo que manté la temperatura, i ja queda preparat per a les altres persones de la casa. Gairebé mai esmorzo en una fleca o en un restaurant. Prefereixo la tranquilitat de casa meva!

Bé, acabo d'esmorzar i estic preparat per afrontar un altre dia de treball. Però abans vaig al bany una altra vegada, em raspallo les dents, em passo el fil dental un altre cop entre les dents i faig gàrgares amb el col·lutori bucal. Ara estic preparat per sortir de casa. Agafo el meu moneder, el telèfon i el maletí. Comprovo que tots els documents estiguin al dia, tanco el maletí i vaig a buscar el cotxe.

IN THE KITCHEN

In the kitchen, I usually prepare my breakfast that consists of fruit, bread, cereal and milk. Firstly, I put the cereal in the bowl, and then I open the fridge, grab the milk and pour it over the cereal. I put two slices of bread in the toaster, pick up the butter from the fridge and when the toast is ready, I spread butter on each slice of toast. Sometimes I eat biscuits and drink hot chocolate that I make in the microwave. I don't drink coffee, but some of my family drink coffee with milk, tea with milk, or just black coffee. They also eat bread with butter. Some of my family have smoothies or fruit juice for breakfast.

I sit at the table to have my breakfast, read the newspaper of the day and catch up with the news. I usually use my computer or tablet to read my newspaper. I also check my emails and go on Facebook for a few minutes. Sometimes I eat breakfast in the living room while I watch television, but I usually eat breakfast in the kitchen. I rarely eat breakfast with someone else in the house as I'm up too early. Once I finish eating breakfast, I put the dishes away into the sink or into the dishwasher. It depends on how early or late I eat breakfast. I don't make a mess in the kitchen. I use a spoon, a knife, a bowl, a cup, a plate and a tray, in order not to mess up the kitchen. I also use paper towels that are practical to use. I hardly ever eat breakfast in a cafe or restaurant. I prefer the quietness of my house! When I finish eating breakfast, I'm ready to face another day at work. But before that, I go to the bathroom, brush and floss between my teeth again and gargle with mouthwash. Now I'm ready to leave home! I grab my wallet, my phone and my briefcase. I check if all documents are up to date, close my briefcase and I go to get the car.

PREGUNTES 3

1. Esmorzes tots els dies?

2. Que menges i beus per esmorzar?

3. Te'l prepares tu mateix?

4. Amb qui esmorzes?

5. A quina hora esmorzes?

6. Què més t'agrada a l'esmorzar?

7. Què no t'agrada?

8. Llegeixes el diari o mires la tele mentre esmorzes?

9. Desordenes molt la cuina a l'hora d'esmorzar?

10. On esmorzes?

11. Quins utensilis embrutes?

12. Ordenes la cuina?

13. Amb quina freqüència prepares l'esmorzar per a altres persones?

14. Quant de temps tardes a esmorzar?

15. Et raspalles les dents després d'esmorzar?

DE CAMÍ CAP A LA FEINA

De camí cap a la feina, la cosa més interessant és saber quant de temps em portarà arribar-hi. Perquè em pot portar de vint minuts fins a una hora.

Surto de casa a les 8h30 (a dos quarts de nou) del matí, arribo al cotxe, obro la porta, entro al cotxe, tanco la porta, poso la clau en el punt de contacte, la giro, poso en marxa el cotxe i el deixo engegat durant dos o tres minuts abans de sortir, Mentrestant, encenc la ràdio per escoltar les notícies, o poso un CD per tocar. Comprovo els miralls retrovisors laterals i posteriors, els frens i les velocitats, ajusto el meu seient, em poso el cinturó de seguretat, trec el fre d'estacionament, poso la primera marxa i estic preparat per sortir.

A uns 300 metres de casa meva giro a la dreta i arribo a una intersecció amb un semàfor. Aquest semàfor està sempre tancat, des del meu punt de vista, perquè està en un carrer que talla l'avinguda principal.

Estic aproximadament uns dos minuts esperant que el semàfor canviï. Quan ho fa, poso altre cop primera i em poso en marxa. A l'avinguda principal, la velocitat màxima permesa és de 50 km/h (cinquanta quilòmetres per hora), però a aquesta hora del matí és hora punta a la cuitat. Així que la velocitat mitjana és de trenta a quaranta quilòmetres per hora. Hi ha varis mitjans de transport a la meva ciutat, que es divideixen en les categories següents:

Terrestres: hi ha bicicletes, motocicletes, camions, cotxes, trens subterranis o metro, autobusos i trens.

Aquàtics: hi ha vaixells, càrrecs i fins i tot submarins.

Aeris: hi ha avions i helicòpters.

Jo personalment utilitzo el cotxe, però a vegades vaig a la feina amb metro o amb autobús.

Quan estic a la meitat del camí, el trànsit no està tan congestionat, prenc la via ràpida, també anomenada carretera, on la velocitat màxima permesa és de vuitana a noranta quilòmetres per hora. Amb aquesta velocitat puc arribar a temps a la feina.

Sovint hi ha persones que van amb una mica de pressa. Quan veig que algú està darrere del meu cotxe fent-me llums i intentant avançar-me, em poso a la via local i deixo que aquesta persona m'avanci perquè m'agrada respectar les normes de tràfic. Així que sempre vaig a la velocitat màxima permesa o per sota d'aquesta. A vegades els conductors no tenen respecte, fan llums, toquen el clàxon i s'insulten. Jo presencio moltes coses durant el camí per anar a la feina.

He vist molts accidents que es produeixen per col·lisions, xocs, bolcades o atropellaments per la imprudència dels conductors. Hi ha cops que la policia para a algun imprudent i posa multes. Quan a alguna persona li posen una multa passa el següent, vegem-ne algunes exemples:

Infraccions molt greus – 7 punts del carnet. Conduir amb el carnet caducat més de 30 dies. La multa és de 191,54€ (cent noranta-un euros amb cinquanta-quatre cèntims). Retirada del carnet de conduir i retenció del vehicle.

Infraccions greus – 5 punts del carnet. Incompliment a l'hora d'assenyalar el canvi de direcció o maniobra. La multa és de 127,69€ (cent vint-i-set euros amb seixanta-nou cèntims).

Infraccions mitjanes – 4 punts del carnet. Parar al mig del carrer o de la carretera per falta de combustible. La multa és de 85,13€ (vuitanta-cinc euros amb tretze cèntims), a més a més de la retirada del vehicle.

Infraccions menors – 3 punts del carnet, Circular per la via del bus. La multa és de 53,20€ (cinquanta-tres euros amb vint cèntims).

És per això que algunes persones prefereixen anar a la feina amb autobús, metro o tren. Aquest fet passa per vàries raons. Vegem alguns avantatges a l'hora d'utilitzar el transport públic:

Avantatges:

- Hi ha una disminució del volum de vehicles en els centres urbans.

- Avantatge econòmic: el valor de la tarifa del transport públic és menor en termes de quilometratge.

- Hi ha una disminució del trànsit i de la contaminació.

Inconvenients:

- Hi ha freqüència limitada.

- Hi ha poca oferta de transports de qualitat.

- Ens hem d'aixecar aviat per anar a la feina.

- A vegades s'ha d'anar caminant a causa de la saturació que hi ha.

ON MY WAY TO WORK

On my way to my work, the interesting thing is how long it takes me to get there - it can take me between twenty minutes to an hour. I leave my house at half past eight in the morning, open the door, get into the car, close the door, put the key in the ignition, turn the key on, start the car and leave it on for two or three minutes before moving off. Meanwhile, I turn on the radio to hear the news; otherwise I just put a CD to play. I check the side mirrors, the rear mirror and the indicators. I adjust my seat, fasten the seat belt, put the indicators on, release the hand brake, go into first gear and move off. After about three hundred yards from my house, I turn right and get to a crossroad with a traffic light. This light is always on red from my direction, because the light is on a street that cuts a main road. I stay for about 2 minutes waiting for the light to change. When the light goes green, I go into first gear again and move off. In the main road the speed limit is fifty miles per hour, but at this time of the morning (rush hour in the city) the average speed is about thirty to forty miles per hour. There are many different methods of transport in my city that are divided into the following categories:

Land: There are bicycles, motorcycles, trucks, cars, subways, buses and trains.

Water: There are boats, ships and even submarines.

Air: There are airplanes and helicopters.

I personally use the car, but sometimes I go to work by subway or bus. When I'm halfway to work there normally isn't any traffic congestion yet. So, I get in the express lane, also called expressway, where the speed limit maximum allowed is sixty miles per hour. At that speed, I can get to work on time. There are always people who are in a hurry, and when I see that someone is behind my car flashing the lights and trying to overtake me, I move on to the local lane and let the person overtake me, because I like to respect traffic laws. So I always drive at the maximum speed limit permitted or below. Sometimes drivers have no respect whatsoever. They flash the lights, beep the horn and shout at each other. I witness many things on my way to work. I usually see many accidents occur like collisions, crashes, overturning or running over, because of reckless drivers. Sometimes the police stop some reckless drivers to issue fines. When a person gets a fine the following happens:

Most serious offenses - 7 points on your driving license. For driving with an expired driver's license for more than thirty days, the fine is one hundred ninety-one pounds and fifty-four pence. The police can confiscate your license and vehicle.

Serious offenses - 5 points on your license. For not signalling when you change direction or manoeuvre, the fine is one hundred and twenty-seven pounds and sixty-nine pence.

Medium offenses - 4 points on your license. For stopping in the street or on the road for lack of fuel, the fine is eighty-five pounds and thirteen pence plus the removal of the vehicle.

Minor offenses - 3 points on your license. For driving in the bus lane, the fine is fifty-three pounds and twenty pence.

That is why some people prefer to go to work by bus, subway or train. Let's see some advantages and disadvantages to some who uses public transport:

Advantages:

There is a decrease in the volume of vehicles in urban areas.

The tariff price of public transport is lower in terms of kilometres driven.

There is a decrease of pollution and traffic.

Disadvantages:

The bus schedule is limited and the bus is low quality in transport services. Needing to wake up early to go to work.

Having to stand up sometimes because of overcrowding.

PREGUNTES 4

1. A quina hora vas a treballar?

2. Com hi vas, a treballar? Quins transports utilitzes?

3. Quant de temps tardes per arribar-hi?

4. On aparques el cotxe?

5. Cap a on queda l'estació de tren, o la parada d'autobús més a prop de casa teva?

6. Quins passos segueixes a l'hora d'entrar al cotxe?

7. Hi ha algun semàfor a prop de la teva casa?

8. Quant de temps tarda el semàfor a engegar-se?

9. Quina és la velocitat màxima permesa al carrer/avinguda principal a prop de casa teva?

10. Acostuma a ser hora punta a la teva ciutat quan vas a la feina?

11. Com acostuma a ser el trànsit?

12. Hi ha alguna avinguda principal a prop de la teva

casa?

13. Respectes les normes de trànsit?

14. Presencies moltes imprudències al llarg del camí cap a la feina?

15. Veus accidents?

16. Has perdut algun punt del teu carnet per culpa d'infraccions de trànsit?

17. Amb quina freqüència poses combustible al cotxe?

18. Quin tipus de combustible fas servir?

19. Quant val el combustible a la teva ciutat?

20. Quant val el trajecte en transport públic?

21. Per a tu, quins creus que són els avantatges i incovenients del transport públics? I dell transport privat?

A LA FEINA

La primera cosa que faig quan arribo a la feina és buscar una plaça d'aparcament. Hi ha cops que no puc trobar-la i haig d'aparcar al carrer o en un pàrquing privat. Aparcar el cotxe al carrer o en un aparcament privat és molt car.

Així que arribo aviat a la feina per tal de trobar una plaça d'aparcament. Tanco les portes del cotxe i poso el fre d'estacionament i agafo l'ascensor fins al cinquè pis, que és on hi ha l'oficina de la companyia. Treballo per l'empresa ABCD LTD. Sóc un representant de ventes.

L'ABCD LTD és una empresa líder en el desenvolupament i fabricació de software.

Quan arribo a l'oficina, el primer que faig és saludar els meus companys de feina. Jo treballo amb un equip de deu representants de ventes. D'allà, arribo fins a la meva oficina, m'assec, encenc l'ordinador, repasso els meus arxius i l'horari del dia mentre s'inicia l'ordinador,

Un cop l'ordinador està encès, accedeixo a l'intranet de la companyia, poso el meu nom d'usuari i la contrasenya, accedeixo a internet, reviso els meus correus electrònics i les feines del dia.

Faig trucades a empreses, programo visites, responc els correus electrònics, rebo i imparteixo cursets de formació per als meus companys de feina i assisteixo a moltes reunions. El meu treball és molt agitat, sempre s'ha d'estar preparat per resoldre problemes. Resolc molts problemes tots els dies! Negocio amb moltes companyies, faig presentacions i, a vegades, viatjo a diferents ciutats o països.

A dos quarts d'una faig una pausa per dinar i, generalment, vaig a menjar a un restaurant que hi ha prop de l'empresa. Normalment m'agraden els fesols, arròs, patates fregides, pollastre fregit amb salsa barbacoa o acompanyat d'una amanida de tomàquet i enciam, o col amb pastanaga, cogombre i altres llegums i verdures. Aquí hi ha el menú de l'àpat que el restaurant acostuma a servir:

Plats principals	Sobretaules	Postres
Arròs	Gelats de varis sabors	Crema
Amanida de col, enciam i patates	Amanida de fruita	Almívar de llet
Albergínia i verdures en general	Púding	Codonyat
Branquillons	Fruites de temporada	Préssecs
Pollastre a la Stroganoff o carn de vedella	Mousse	Maduixes
Pastís de formatge o de pernil i formatge	Altres	Maracujà
Peix rostit		Pinya
Pit de pollastre a la planxa		Cireres
		Coco
		Cacauets

Generalment, tenim una (1) hora per dinar, però acostumo a tardar trenta minuts. Després de dinar, camí de tornada a l'empresa, només tardo uns deu minuts per arribar-hi, aprofito la oportunitat per estirar les cames i prendre una mica d'aire fresc. Quan arribo a l'empresa no agafo l'ascensor. Prefereixo pujar les escales per fer més exercici també.

Quan arribo a la meva oficina, falten uns deu minuts per tornar a treballar.

Catalan Conversation Practice

A vegades llegeixo quelcom, o parlo amb els companys, vaig al bany, em rento la cara per despertar-me i torno a les meves activitats del treball.

Puc veure els meus correus electrònics, fer algunes trucades telefòniques, enviar altres missatges de correu electrònic, faig una planificació més estratègica i repasso les meves metes diàries i setmanals. Puc fer algunes petites pauses per anar al bany o beure aigua. Hi ha gent que fa algunes pauses per fumar-se un cigarret, prendre's un cafè, te, etc. Jo acostumo a beure aigua, sovint un suc o un refresc.

A vegades surto a les tardes per tal de visitar els clients. En definitiva, aquesta és, en general, la meva rutina quan treballo a l'oficina.

Doncs bé, quan queden trenta minuts per acabar la jornada laboral, organitzo les activitats pel dia següent, organitzo el meu escriptori. Quan acabo la feina, m'aixeco, obro el meu maletí i hi poso tot el que necessito per emportar-me a casa a dins, tanco l'ordinador, em dirigeixo a la sortida, dic adéu als meus companys, passo la targeta de l'empresa i agafo l'ascensor cap a l'aparcament.

A l'aparcament, entro al cotxe, poso les meves coses en el seient del darrere, engego el cotxe i me'n vaig.

De tant en tant porto a un company de feina que va pel mateix camí que jo.

A les cinc, el trànsit comença a estar congestionat perquè moltes persones deixen els seus llocs de treball al mateix temps. Com que coneixo molt bé la ciutat, prenc una drecera que no està plena de cotxes. Per tant, arribo a casa més aviat. Però, a vegades, aquest accés directe també està embotellat, llavors haig de tornar a casa una mica tard.

AT WORK

The first thing I do when I arrive at my workplace is to look for a place to park my car. There are times that I cannot find a parking place, so I have to park on the street or in a private parking area. To park my car on the street or in a private parking is very expensive. So I arrive at work early to find a parking space at the company's parking lot. I get out of the car, lock the doors and take the lift to the fifth floor where the company's office is. I work for the company ABCD LTD.

I am a sales representative! ABCD LTD is a leading company in developing and manufacturing software. When I arrive inside the company's office, the first thing I do is greet my colleagues. I work with a team of 10 sales representatives. When I get to my room, I sit down, turn my computer on, take a look at my files and look at my schedule for the day while the computer starts. Once the computer is on, I access the company's intranet system, put my username and password, access the internet, check my emails and review my day's tasks. I make some phone calls to other companies, arrange appointments, visit a few clients, reply to emails, and on top of all that I deliver some training to my colleagues. My work is very busy; I always have to be ready to solve problems! I sort out many problems every day. I negotiate with many companies, I give presentations, and occasionally, I travel to different cities or countries. At half past twelve, I take a break for lunch. I usually go out for lunch to a restaurant near the company. I usually eat fish and chip, accompanied with a small salad of lettuce, cucumber and tomato, followed by a dessert of apple and blackberry crumble. Here is the menu that the restaurant usually serves;

Starters	Main dishes	Desserts
rice	ice cream of	cream
coleslaw, lettuce and	various flavours	sweet milk
potato salad	fruit salad	guava
eggplant and	pudding	peach
vegetables in	seasonal fruits	strawberry
general	mousses	passion fruit
shoestring potatoes	others	pineapple
stroganoff chicken or		plum
beef		peanut
grilled steak		coconut
cheese pie or ham		
and cheese		
grilled fish		
grilled chicken breast		

My lunch break is usually 1 hour. I usually take 30 minutes to eat my lunch. After lunch, I return to the company on foot, because it takes only about 10 minutes to arrive there. I take this opportunity to stretch my legs and get some fresh air. When I arrive to the company, I don't get the lift! Instead, I climb the stairs to do some exercise. When I get to my desk, there are only 10 minutes left for me to return to work. Sometimes I read something, or talk to my colleagues. I also go to the bathroom, wash my face to wake me up and then return to my work activities. I check my emails, make some phone calls, send more e-mails, do more strategic planning and review my daily and weekly goals. I take some short breaks to go to the bathroom or to drink some water. Some of my colleagues take some breaks to smoke a cigarette or have some coffee or tea. I usually just drink some water, a juice or a soft drink. This is my usual routine when I work inside the office. I also visit some clients. When there is about half an hour left to finish my work activities, I organize myself for the next day by planning my next day activities and organizing my desk. When I finish work, I get up, open my briefcase, put everything I need to take home with me, turn off the computer, head to the exit, say good bye to my colleagues, swipe my company's card and take the lift down to the parking lot. I get in my car, put my stuff in the back seat, start the car and leave. From time to time I give a lift to a colleague who goes the same way as me. At five o'clock, the traffic starts getting jammed. Many people leave work at the same time. I know the city very well; I always take a shortcut which is not so full of cars. Thus, I get home earlier. But sometimes this shortcut is also jammed; as a result I get home a little late.

PREGUNTES 5

1. A quina hora arribes a la feina?

2. On aparques el cotxe?

3. A quina parada baixes quan fas servir el transport públic?

4. La teva empresa té pàrquing propi?

5. Sempre trobes una plaça en el pàrquing?

6. Aparques al carrer o en un pàrquing particular?

7. Tanques sempre les portes i els vidres del teu cotxe?

8. A quin pis treballes?

9. Necessites utilitzar l'ascensor o puges per les escales?

10. On treballes?

11. Quant de temps fa que treballes en aquesta empresa?

12. A quin sector pertany?

13. Què hi fas?

14. Quantes hores treballes per setmana?

15. Quin és el teu horari de feina?

16. Quants dies a la setmana treballes?

17. Que és el que fas primer quan arribes a la teva empresa?

18. Quantes trucades realitzes?

19. Quants mails reps i envies?

20. La teva empresa té sistema intranet?

21. Amb quina freqüència participes en reunions?

22. Viatges per treball?

23. El teu treball t'exigeix molt?

24. Resols molts problemes a diari?

25. A quina hora dines?

26. Et portes el dinar o vas a algun restaurant?

27. On dines?

28. Com arribes al lloc on vas a menjar?

29. Com és el menjar?

30. En quin horari dina la gent a la teva ciutat?

31. Què menges i beus per dinar?

32. Amb qui dines?

33. A quina hora dines?

34. Què és el que més t'agrada del dinar?

35. Què és el que menys t'agrada?

36. Mires la tele mentre menges?

37. Quant de temps tardes a dinar?

38. Et raspalles les dents després de dinar?

39. A quina hora tornes a la feina?

40. Què fas a la tarda?

41. Fas pauses per prendre't un cafè, un te, una xocolata, fumar-te un cigarret o per descansar?

42. A quina hora acabes les teves activitats?

43. Fas hores extres?

44. Portes a casa algun company que viu a prop de casa teva?

45. Com està el trànsit quan tornes a casa?

46. Quant de temps tardes per arribar a casa?

A CASA A LES NITS

Quan arribo a casa, deixo el cotxe al garatge de davant de casa, me'n vaig a la meva habitació, em trec el conjunt i vaig directament al bany.

Em poso les sabatilles d'estar per casa i vaig a la sala d'estar a on, normalment, hi ha la meva família. Hi ha persones que estudien a les nits i solen anar a l'escola a aquesta hora, però com que jo ja vaig graduar-me i vaig fer magisteri, ja no m'haig de preocupar per aquestes coses.

Per altra banda, sempre hi ha alguna cosa nova per estudiar, aplicar al meu treball o fer cursets extracurriculars. Al menjador, la meva família i jo parlem del nostre dia, la meva mare prepara el sopar i, mentrestant, miro una mica la televisió, com una pel·lícula, un documental o alguna cosa similar, i llavors m'assec per sopar.

Mengem i bebem molt i després de sopar, ajudo la meva mare a posar els plats al rentplats. El meu pare escombra el pis i passa l'aspiradora, la meva mare ordena la cuina i el menjador, el meu germans treuen les escombraries; al final, tots ens ajudem.

Som una família unida! No ens barallem ni discutim molt. M'estic preparant per marxar de casa i anar-me'n a viure sol al meu apartament, que tinc la intenció de comprar.

Més tard em truquen alguns amics, parlem i quedem per al cap de setmana. Poc després, me'n vaig a la meva habitació, encenc el portàtil i parlo amb alguns amics d'altres parts del món a través de xats i vídeo.

A les 23h00 (a les onze de la nit) me'n vaig al llit, m'assec, llegeixo un llibre o una revista. Després em fico al llit, tanco els llums, reso les meves oracions, programo el despertador, m'estiro i dormo.

A vegades tinc somnis bons, a vegades malsons. Em diuen que alguns cops parlo mentre somio, però no sóc somnàmbul.

Hi ha cops que em desperto a mitja nit per orinar o beure aigua.

Així és com acostumo a passar les vint-i-quatre hores del meu dia de dilluns a divendres.

AT HOME IN THE EVENING

When I get home, I put the car in the front garage, and then I go to my room, take off my suit and go straight to the bath. After taking a bath, I put some casual clothes and my flip flops on, and go to the living room where my family usually is. For people who study at night, at this time they usually go to school. But since I don't study anymore, neither an undergraduate nor a master's degree, I no longer need to worry about these things. But I always study something new for my job and I usually do extra-curricular courses. In the living room my family and I talk about our day. My mum usually makes dinner, and while she cooks, we watch a bit of TV, like a film, a documentary or something else. When the dinner is ready, we sit at the table to eat and drink. After dinner, I help my mother put the dishes in the dishwasher. My dad sweeps and vacuum the floor, my mother tidies up the kitchen and the dining room, my siblings put the bin out, and we all help. We are a united family! We don't fight or argue a lot. I'm soon leaving home to live alone in my own apartment. Later I call some friends; we chat a bit and make some plans for the weekend. Then I go to my room, turn on my laptop and talk to some other friends from other parts of the world via video and voice chat. Later at 11p.m. (eleven p.m.), I go to bed. I sit down, read a book or a magazine, and when I least expect it, I find myself sleeping sitting down. Then I lie down, turn off the lights, say my prayers and set the alarm clock for tomorrow. Sometimes I have good dreams, sometimes nightmares. People say I sometimes talk in my sleep, but I'm not a sleepwalker. Sometimes I wake up during the night to pee or drink water. And so, that's 24 hours of my day.

PREGUNTES 6

1. On aparques el cotxe?

2. Què fas quan arribes a casa?

3. Amb quina freqüència et reuneixes amb la família?

4. Amb quina freqüència mireu la tele junts?

5. Hi ha algú a casa teva que estudiï a les nits?

6. De què parleu tu i els teus familars a la nit?

7. Fas cursets extracurriculars per tal de millorar el teu rendiment en el treball?

8. Tu i la teva família us asseieu tots junts per sopar?

9. Què mengen i beuen per sopar?

10. A quina hora sopes?

11. Què és el que t'agrada més del sopar?

12. I el que t'agrada menys?

13. Mires la tele mentre sopes?

14. Quant de temps tardes per sopar?

15. Et raspalles les dents després de sopar?

16. Qui ordena la casa després de sopar?

17. Qui neteja i escombra la casa?

18. Qui renta i asseca la pisa?

19. Què acostumes a fer després de sopar?

20. A quina hora vas a dormir?

21. Entres a internet?

22. Amb qui xateges abans de dormir?

23. Llegeixes abans de dormir?

24. Què t'agrada llegir a les nits?

25. Programes el despertador per tal que et soni el dia següent?

26. T'adorms molt ràpid quan t'estires al llit?

27. Quantes hores dorms a la nit?

28. Tens insomni?

29. Parles mentre dorms?

30. Tens problemes de somnambulisme?

31. Et recordes del teus malsons?

32. T'aixeques a la nit per fer alguna cosa?

LLISTA DE VERBS

abocar _____

abrillantar _____

acabar _____

acabar les meves activitats _____

accedir a internet _____

adaptar _____

adelantar _____

afaitar-se _____

afrontar _____

agafar el moneder _____

agafar la llet _____

agafar l'ascensor _____

agafar temps _____

agradar-se _____

aixecar-se aviat _____

ajudar la meva mare _____

ajustar el seient _____

anar a dinar a un restaurant _____

anar a l'escola _____

anar a peu a la feina _____

anar al bany _____

anar amb compte _____

anar-se'n/ marxar _____

apagar el llum _____

aplicar-se/posar-se loció _____

aprofitar _____

arribar _____

arribar a temps a la feina _____

arribar al bany _____

assecar-se _____

assenyalar _____

asseure's _____

assistir a reunions _____

atropellar _____

badallar _____

banyar-se _____

barallar-se _____

beure aigua _____

buscar el cotxe _____

buscar una plaça _____

d'aparcament

caducar _____

caminar de tornada a _____

l'empresa

canviar els llençols _____

circular per la via del bús _____

col·locar _____

combinar amb el conjunt _____

començar _____

compondre's _____

comprar en forma de _____

pastilla

conduir

_____

convertir

_____

deixar en marxa

_____

deixar la roba impecable

_____

dependre

_____

desenvolupar

_____

desordenar la cuina

_____

despertar-se

_____

dir adéu

_____

dir oracions

_____

dirigir-se

_____

discutir

_____

dividir-se

_____

donar un cop d'ull al

Facebook

_____

dormir

_____

dutxar-se

_____

embrutar el bany

_____

encendre el llum _____

encendre la ràdio _____

engegar el cotxe _____

entrar al cotxe _____

enviar missatges _____

esbandir _____

escoltar les notícies _____

esmorzar _____

estar congestionat _____

estar preparat/da _____

estirar els llençols _____

estirar les cames _____

estrènyer _____

estudiar _____

evitar _____

existir _____

faltar combustible _____

fer cursets extracurriculars _____

fer exercici

_____

fer gàrgares

_____

fer les necessitats

fisiològiques

_____

fer presentacions

_____

fer trucades

_____

fer ulleres

_____

fer una pausa per dinar

_____

fer una planificació

estratègica

ficar-se al llit

_____

fregar

_____

fumar

_____

girar a la dreta

_____

girar la clau

_____

haver

_____

hidratar la pell

_____

insultar

_____

ir al trabajo en autobús: _____

llegir el diari _____

malgastar aigua _____

marxar de casa _____

menjar _____

mullar el terra _____

negociar amb companyies _____

netejar la pell _____

obrir la nevera _____

obrir la porta _____

obrir l'aixeta _____

ocórrer _____

oferir _____

organitzar l'escriptori _____

orinar _____

parar _____

parlar amb amics _____

parlar amb els meus _____

col·legues

passar la targeta de _____

l'empresa

passar-se el fil dental _____

pentinar-se _____

perfumar-se _____

planxar la roba _____

plegar la manta _____

portar corbata _____

portar pantalons _____

posar el cinturó de seguretat _____

posar la primera marxa _____

posar una multa _____

posar-se _____

posar-se coloret clar _____

posar-se crema _____

preferir _____

prendre un cafè _____

prendre/agafar una drecera _____

preocupar-se _____

preparar l'esmorzar _____

presenciar _____

programar el despertador _____

programar visites _____

propagar-se _____

pujar les escales _____

quedar preparat _____

quedar-se sense tall _____

raspallar-se les dents _____

raspallar-se/fregar-se _____

l'esquena

rebre un curs de formació _____

relaxar-se _____

rentar-se les mans _____

repassar els arxius _____

repetir _____

resoldre problemes

_____

respectar les normes de

trànsit

_____

respondre correus

electrònics

_____

retenir el vehicle

_____

revisar els correus electrònics

_____

revisar els miralls retrovisors

_____

revisar els objectius

_____

ser necessari

_____

servir

_____

sonar

_____

sopar

_____

sortir de casa

_____

suavitzar

_____

succeir/ócorrer/passar

_____

tallar-se

_____

tancar la porta

_____

tancar l'aixeta   _____

tener problemas musculares: _____

tenir la intenció   _____

tenir pressa   _____

tirar   _____

tirar la cadena   _____

tocar el clàxon   _____

Talk to the Author
Email: irineu@oliveiralanguageservices.com